essentials

essentials liefern aktuelles Wissen in konzentrierter Form. Die Essenz dessen, worauf es als „State-of-the-Art" in der gegenwärtigen Fachdiskussion oder in der Praxis ankommt. *essentials* informieren schnell, unkompliziert und verständlich

- als Einführung in ein aktuelles Thema aus Ihrem Fachgebiet
- als Einstieg in ein für Sie noch unbekanntes Themenfeld
- als Einblick, um zum Thema mitreden zu können

Die Bücher in elektronischer und gedruckter Form bringen das Expertenwissen von Springer-Fachautoren kompakt zur Darstellung. Sie sind besonders für die Nutzung als eBook auf Tablet-PCs, eBook-Readern und Smartphones geeignet. *essentials:* Wissensbausteine aus den Wirtschafts-, Sozial- und Geisteswissenschaften, aus Technik und Naturwissenschaften sowie aus Medizin, Psychologie und Gesundheitsberufen. Von renommierten Autoren aller Springer-Verlagsmarken.

Weitere Bände in der Reihe http://www.springer.com/series/13088

Arne Bernsmann · Lorenz Bohn
Cathrin Haußmann · Philipp Prigge

Arbeitsmethodik für Führungskräfte

Praxiswissen für die Führungsaufgabe

Mit einem Geleitwort von
Hon.-Prof. habil. Dr. Hermut Kormann

Arne Bernsmann
Friedrichshafen, Deutschland

Cathrin Haußmann
Friedrichshafen, Deutschland

Lorenz Bohn
Friedrichshafen, Deutschland

Philipp Prigge
Friedrichshafen, Deutschland

ISSN 2197-6708   ISSN 2197-6716   (electronic)
essentials
ISBN 978-3-658-20392-4   ISBN 978-3-658-20393-1   (eBook)
https://doi.org/10.1007/978-3-658-20393-1

Die Deutsche Nationalbibliothek verzeichnet diese Publikation in der Deutschen Nationalbibliografie; detaillierte bibliografische Daten sind im Internet über http://dnb.d-nb.de abrufbar.

Springer Gabler
© Springer Fachmedien Wiesbaden GmbH 2018

Gedruckt auf säurefreiem und chlorfrei gebleichtem Papier

Springer Gabler ist Teil von Springer Nature
Die eingetragene Gesellschaft ist Springer Fachmedien Wiesbaden GmbH
Die Anschrift der Gesellschaft ist: Abraham-Lincoln-Str. 46, 65189 Wiesbaden, Germany

Was Sie in diesem *essential* finden können

- Eine Einführung in die verschiedenen Bereiche des Selbstmanagements (Zeitmanagement, Arbeitsmethodik, Kommunikation)
- Eine Darstellung der entscheidenden Fähigkeiten und Eigenschaften effektiver sowie effizienter Führungskräfte
- Bewährte Arbeitsmethoden, welche es kurz- und langfristig dem Leser ermöglichen, Aufgaben effizienter zu bewältigen

Vorwort

Es gehört zum Selbstverständnis der Zeppelin Universität, Friedrichshafen, die Forschung in die Lehre zu integrieren. „Die Zukunft des Managements" ist einer der Schwerpunkte der interdisziplinären Forschung an der Zeppelin Universität. In den Masterprogrammen aller Fakultäten zwischen Wirtschaft, Kultur und Politik werden Kurse zu „Leadership" angeboten. In dem von mir betreuten Kurs entwickelten die Kommilitoninnen und Kommilitonen ihr eigenes Forschungsprogramm. Die Aufgabenstellung bestand darin, vom Standpunkt einer pragmatischen Forschung aus für die Berufsanfänger und -aufsteiger Erfahrungen aufzubereiten, die ihnen hilfreich sein können, die Rolle einer oder eines Vorgesetzten zu bewältigen. Dabei schwebte uns nicht vor, die so reichhaltige Berater-Literatur „Wie werde ich Chef oder CEO" zu ergänzen. Der Modellfall der Führungskraft, die wir vor Augen haben, ist die Leiterin oder der Leiter einer Abteilung mit mehreren Mitarbeitern, die oder der selbst eine vorgesetzte Person hat. Unsere Führungskraft gehört zum Mittelbau, der bekanntlich das Rückgrat jeder Organisation ist, der aber auch eine schwierige Stellung zwischen den Wünschen der Mitarbeiter und dem Leistungsdruck „von oben" hat.

Einige Themen, die behandelt werden sollten, wurden von mir vorgegeben. Andere Themen, wozu die hier veröffentlichten gehören, wurden von den Studenten selbst ausgewählt. Die Aufgabenstellung bestand nun darin, in einer Meta-Analyse die Literatur daraufhin zu sichten, welche vermittelbaren Erfahrungen daraus gewonnen werden können. Dabei waren die Theorien, die zur Allgemeinbildung einer Führungskraft gehören sollten, aufzubereiten. Darüber hinaus sollte aber auch die Experten-Literatur herangezogen werden. Natürlich galt es den Stand der Forschung zur Rezeption der Theorien zu referieren und den Geltungsbereich von Expertenempfehlungen kritisch zu würdigen.

Für die Ausarbeitung wurde ein einheitlicher Rahmen vorgegeben. Dieser Rahmen verlangt, dass die BearbeiterInnen in der Zusammenfassung – durchaus aus ihrer subjektiven Sicht – dem Leser drei bis sechs Verhaltensempfehlungen geben und circa sechs Literaturempfehlungen zur vertiefenden Literatur. Um die Bearbeitung des Themas abzurunden, wurde in diesem Text das Manuskript der Studenten stellenweise ergänzt, um auch mein eigenes Praxiswissen als Vorgesetzter mit einzubringen.

Diese Arbeiten stellen wir nun unserem idealen Leser vor: den aufstrebenden Mitgliedern in einer wirtschaftlichen, kulturellen oder staatlichen Organisation, die sich auf eine Führungsposition vorbereiten möchten. Wir wollen ihnen solides Wissen und brauchbare Wegleitungen für das Selbststudium anbieten. Ich selbst hätte mir zum Beginn meiner beruflichen Laufbahn eine solche breitere Übersicht gewünscht.

PD Dr. Hermut Kormann
Honorar-Professor
Zeppelin Universität
Strategie und Governance von
Familienunternehmen
Friedrichshafen, Deutschland

Inhaltsverzeichnis

Einleitung

1

> Ohne Arbeitsmethodik[1] ist der Mensch in der heutigen Welt ein sozialer Analphabet, der hilflos der widerstrebenden Komplexitätsgesellschaft ausgeliefert ist (Malik 2014, S. 316).

Dieses Zitat von Fredmund Malik verdeutlicht drastisch die Bedeutung der Arbeitsmethodik. Die Führungskraft von heute muss mit vielen komplexen Aufgaben zurechtkommen. Dabei gilt es, die Aufgaben nicht nur abzuarbeiten, sondern sie effizient zu erledigen. Eine Arbeitsmethodik hilft einer Führungskraft, selbst zu entscheiden, wie sie ihre Zeit einteilen möchte, um allen Anforderungen – beruflich wie privat – gerecht zu werden und die Kontrolle zu behalten. Eine gute Arbeitsmethodik befähigt die Führungskraft, Herr im eigenen Haus – sprich in der eigenen Abteilung – zu sein, und ebnet somit den Weg für den beruflichen Aufstieg.

In den verschiedenen Veröffentlichungen der Zeppelin Universität, Friedrichshafen, in der Reihe der *essentials* werden wesentliche Elemente einer guten Führungskraft herausgearbeitet: von den Aufgaben eines Abteilungsleiters über die Grundsätze der Professionalität bis hin zu Konzepten der guten Führung. Diese Fähigkeiten, die eine gute Führungskraft auszeichnen, hängen letztlich von der Frage ab, ob diese Führungskraft Herr im eigenen Haus ist. Im Zentrum steht demnach die Frage: „Wie kann man sich selbst befähigen, Verantwortung zu

---

[1]Die Arbeitsmethodik, wie sie im Zusammenhang dieses Lehrbuches verstanden wird, befasst sich mit den Werkzeugen, welche einen dazu befähigen, effizient der eigentlichen beruflichen Tätigkeit nachzugehen.

© Springer Fachmedien Wiesbaden GmbH 2018
A. Bernsmann et al., *Arbeitsmethodik für Führungskräfte*, essentials,
https://doi.org/10.1007/978-3-658-20393-1_1

übernehmen, Mitarbeiter zu führen und berufliche sowie persönliche Ziele zu erreichen?" Es ist lohnenswert, sich mit dieser Fragestellung auseinanderzusetzen, denn aufgrund fehlender Arbeitsmethodiken werden in vielen Organisationen die vorhandenen Potenziale nicht vollständig genutzt. Zudem haben manche Probleme der organisationalen Zusammenarbeit, wie Konflikte, Stress und Missverständnisse, ihren Ursprung im mangelnden Selbstmanagement[2] (vgl. Malik 2014, S. 333).

Bei dieser Fragestellung ist es zweckmäßig, zwischen zwei Rollen einer Führungskraft zu unterscheiden: Einmal ist die Führungskraft selbst ein Mitarbeiter für ihren jeweiligen Chef. In dieser Eigenschaft übernimmt jede Führungskraft auch „Bearbeitungsaufgaben". Dies ist insbesondere in Unternehmen mit einer mittelständisch geprägten Kultur geradezu eine geforderte Qualität der Führungskraft: die Chefs als oberste Sachbearbeiter. Zum Zweiten hat die Führungskraft zusätzlich die Aufgabe zu erfüllen, die Mitarbeiter zu führen. Diese Führungsaufgabe tritt mit eigenständigen Anforderungen neben die sachbearbeitenden Aufgaben.

In diesem Beitrag konzentrieren wir uns auf die Bearbeitungsaufgaben. Für die Führungsebenen unterhalb der obersten Führung ist die gute Erfüllung der Bearbeitungsaufgaben auch die erste Quelle der Anerkennung der Führungskraft durch die Vorgesetzten und damit auch die Quelle der Macht gegenüber den Untergebenen. Hier wollen wir erörtern, wie Sie als Führungskraft Ihre Leistungsfähigkeit in den Bearbeitungsaufgaben steigern können:

- Entwicklung eines Verständnisses für komplexe Aufgaben und für Erfordernisse der Geistesarbeit,
- Entwicklung des eigenen Leistungspotenzials durch Kompetenzen und persönliche Einstellungen,
- Klärung der Aufgabenstellung,
- Arbeitsmethoden für den Leistungsprozess,
- Überprüfung der Arbeitsergebnisse,
- Vermittlung der Arbeitsergebnisse.

---

[2]Selbstmanagement oder Selbststeuerung beschreibt die Fähigkeit, sich selbst mittels Methoden zu führen, zu kontrollieren und zu verbessern.

2.1 Arbeit einer Führungskraft

Arbeitstechniken brauchen wir, weil wir eine Arbeit zu erfüllen haben. Die Arbeit einer Führungskraft kann wie folgt umschrieben werden:

- Einsatz der eigenen Fähigkeiten im Rahmen eines auf Dauer angelegten Arbeitsverhältnisses,
- gegen Entgelt, wobei es im Rahmen des gesamten Arbeitsverhältnisses sowohl bezahlte wie unbezahlte Anteile gibt,
- sowie Einsatz der Fähigkeiten der Untergebenen der Führungskraft
- im *Interesse eines anderen,* des Leistungsempfängers, des Arbeitgebers,
- nach den *Direktiven des Arbeitgebers,* der durch den Vorgesetzten repräsentiert wird,
- zumeist in einem *organisatorischen Zusammenhang* dergestalt, dass nur mehrere Mitglieder einer Organisation zusammen ein Arbeitsergebnis erzielen können, das die Anforderungen des Arbeitgebers erfüllen kann.

Arbeit ist das andere gegenüber der Tätigkeit für einen selbst in der Ausbildung oder der Freizeitgestaltung. Auch altruistischen Tätigkeiten zum Beispiel für Hilfsbedürftige fehlt nicht nur das Element des Entgelts, sondern auch das Direktivrecht des Empfängers der altruistischen Leistung. Nicht nur die Tarifmitarbeiter, sondern alle Mitarbeiter bis hinauf zur Geschäftsführung oder zum Vorstand sind – unabhängig von der juristischen Sonderstellung der Geschäftsführungsorgane – vom „Arbeitgeber abhängige Beschäftigte" (Mell 2013). Diesen Satz muss man sich bewusst machen sowie kaltblütig und realistisch interpretieren: Abhängigkeit ist Abhängigkeit – Punkt.

© Springer Fachmedien Wiesbaden GmbH 2018
A. Bernsmann et al., *Arbeitsmethodik für Führungskräfte,* essentials,
https://doi.org/10.1007/978-3-658-20393-1_2

Das Interesse des Arbeitgebers, des Unternehmens, ist es, dass jeder Mitarbeiter seinen bestmöglichen Beitrag erbringt, damit das Unternehmen als *Leistungsgemeinschaft* erfolgreich ist. Wie immer auch die für den Kunden zu erbringenden Leistungen ausdifferenziert werden, müssen sie alle den Kriterien einer guten Leistung entsprechen. Diese sind:

- Effektivität als Erreichen des Leistungsziels,
- Effizienz als Wirtschaftlichkeit des Ressourceneinsatzes,
- Beschränkung der Risiken, die die Effektivität und Effizienz im einzelnen Leistungsvorgang bedrohen.

2.2 Bearbeitungsaufgaben

Wenn Sie als Führungskräfte – für Ihre Vorgesetzten – Bearbeitungsaufgaben übernehmen, dann haben diese regelmäßig folgende Charakteristiken:

- Es sind komplexe Aufgabenstellungen.
- Sie verlangen „Geistesarbeit" der Führungskraft zur Bewältigung.
- Es müssen häufig andere Geistesarbeiter aus dem eigenen Verantwortungsbereich oder von anderen Bereichen hinzugezogen werden.

Die Klärung der Aufgabenstellung ist bei komplexen Aufgaben die erste und zugleich wichtigste Phase der Arbeit. Bei komplexen Fragen kann sie vom Vorgesetzten nicht wohlstrukturiert vorgegeben werden. Vielmehr müssen Sie, der Auftragnehmer, sich selbst um die Präzisierung der Aufgabenstellung kümmern.

Das Können, das man für diese Fragestellungen braucht, ist komplex und nur unzureichend definierbar. Ebenso ist das Arbeitsergebnis – sein Fertigstellungsgrad, die Qualität – nur unpräzise messbar. In diesem Bereich der Angestelltenarbeit ist es erforderlich, dass der Mitarbeiter dazu motiviert ist, eine „gute" Arbeit zu leisten. Es liegt auch in erster Linie an ihm, selbstkritisch zu beurteilen, ob das Ergebnis gut genug ist, um den Anforderungen gerecht zu werden.

Bei komplexen Aufgaben ist nicht von vornherein klar, wie sie anzugehen sind. Es tauchen in der Bearbeitung verschiedene Wege zur Lösung und verschiedene mögliche Ergebnisse auf. Die Möglichkeiten, die Aufgaben falsch zu machen, sind zahlreich. Das Erfordernis, unterschiedliche Lösungsmöglichkeiten klug zu beurteilen, bringt bei diesen Aufgaben eine besondere Verantwortung mit sich. Die komplexen Aufgaben sind die Aufgabenbereiche, in denen die „Geistesleister" dominieren.

2.3   Geistesarbeit

Hermann Simon (2004, S. 104 ff.) führt – bezugnehmend auf den von Peter Drucker beschriebenen „Wissensarbeiter" – den Typus des „Geistesleisters" ein. Die Geistesleister haben eine Ausbildung ihres Geistes, zumeist eine akademische Ausbildung und eine auf Wissen gegründete Kompetenz. Geistesarbeiter müssen „professionell" arbeiten (vgl. hierzu Brenner et al. 2016).

Bei einem Arbeiter, der ein Produkt herstellt, lässt sich dieser Prozess direkt beobachten und damit steuern. Ganz anders sieht das bei einem Geistesleister aus. Stellen wir uns einen Kreativen in einer Werbeagentur vor: Er steht vor dem Fenster und schaut hinaus. Ist er nun produktiv tätig oder macht er gerade Pause? Ein stummer Beobachter kann dies nicht ersehen. Ist ein Programmierer, der 100 Zeilen am Tag schreibt, besser als einer, der das Problem mit weniger Zeilen löst, aber dafür mehr Zeit pro Zeile braucht? Die Leistungen dieser Mitarbeiter lassen sich nur am Ergebnis messen, nicht aber durch eine direkte Prozessbeobachtung. Und selbst das Ergebnis ist oft schwer zu beurteilen. Während man die Qualität des produzierten „Dings" relativ einfach messen kann, erweist sich die Beurteilung einer Werbekampagne, einer Software, eines Verkaufsbesuchs als äußerst schwierig. Letztlich kann nur der Markt über solche Resultate befinden und das oft erst mit erheblichen Zeitverzögerungen. Denn gerade die Ergebnisse hoch qualifizierter Wissensarbeit, etwa in Forschungsabteilungen, zeigen sich erst nach Jahren.

Eine weitere Besonderheit besteht darin, dass die potenziellen Leistungsunterschiede zwischen guten und schwachen Mitarbeitern mit zunehmendem Wissensgehalt ansteigen. Bei einfachen Tätigkeiten ist ein sehr guter Mitarbeiter etwa doppelt so produktiv wie ein leistungsschwacher Kollege. Bei einem Software-Entwickler kann dieser Unterschied bereits auf das Fünf- bis Zehnfache ansteigen. Und bei einer Topführungskraft liegen ganze Welten zwischen ausgezeichneter und medioker Performance.

2.4   Abhängigkeit des Geistesarbeiters

Ein normaler Tarifangestellter mag glauben, dass er seinen Arbeitsplatz behalten kann, wenn er nur seine Arbeit ordentlich macht, aber ansonsten ein ‚widerlicher Kerl' ist und mit seinem Chef nur sehr bedingt zurechtkommt. Sein Abteilungsleiter wird ihm vielleicht nicht kündigen, weil er Mitleid hat oder weil dies zu viel Ärger mit der Personalabteilung und dem Betriebsrat bringen würde. Ein Chef einer Tochtergesellschaft eines Konzerns könnte auf diese Weise nicht erfolgreich sein. Und bei den obersten Führungskräften, den Geschäftsführern und Vorstandsmitgliedern, kann man jeden Tag in der Zeitung lesen, wie schnell eine Mitarbeiterbeziehung beendet werden kann durch den jeweiligen Chef, den Vorsitzenden der Geschäftsführung, den Aufsichtsrat oder die Gesellschafter. Richtigerweise gelten in diesen oberen Hierarchien die ursprünglichen Spielregeln ungemildert. Die Spielregeln sind aber in der ganzen Organisation die gleichen. Nur wird der Tarifmitarbeiter vielleicht nicht entlassen, sondern nur auf die Seite geschoben und von weiteren Beförderungsüberlegungen ausgeschlossen.

Ein Geistesleister ist näher beim Geschäftsführer als beim Tarifangestellten. So sehr sich ein Unternehmen auch bemühen muss, die Geistesarbeiter beim Unternehmen zu halten und zu hoher Leistungsfähigkeit zu führen, so sehr verstärkt die Leistungserwartung an den Geistesarbeiter auch dessen Abhängigkeit in der Arbeitsbeziehung. Bei einem „schwachen" gewerblichen Arbeiter akzeptiert man, dass er eben eine geringere Leistungsprämie erhält oder einen niedrigeren Leistungsgrad im Leistungslohn erarbeitet. Es findet sich in der Regel auch ein niedriger eingestufter Arbeitsplatz mit geringeren Anforderungen. Gerade, weil bei Geistesarbeitern sehr viel größere Unterschiede im Leistungsniveau möglich sind, ist eine schwache Leistung eben zu schwach, um toleriert werden zu können. Der eine im Budget vorgesehene Arbeitsplatz muss mindestens mit einem Normalleister, besser einem Gutleister, besetzt werden. Dies führt zur nächsten Überlegung: Je höher man steigt, desto höher wird das Abhängigkeitsverhältnis.

2.5 Hohe Bedeutung der Arbeitsmethodik

Diese Vorbemerkungen zum Charakter der Geistesarbeit erscheinen uns erforderlich, um die Grundlagen dafür zu legen, die geeigneten Elemente der Arbeitsmethodik und ihren großen Beitrag zum Arbeitsergebnis verstehen zu können. Nur durch eine professionelle Arbeitsmethodik kann die Komplexität der Aufgaben, die Führungskräften übertragen werden, bewältigt werden. Und gerade die jüngere Führungskraft muss die noch unzureichende Erfahrung aus Wiederholeffekten durch bessere Arbeitsmethodik – und mehr Arbeitsinput – kompensieren.

Entwicklung des eigenen Leistungspotenzials 3

3.1 Entwicklung des Könnens durch Kompetenz

Die Entwicklung der Kompetenzen ist die Aufgabe der Führungskraft. Kompetenzen sind eine Bringschuld des Mitarbeiters. Das Unternehmen mag Hilfestellungen dazu leisten. Die Gliederung des Kompetenzspektrums in Tab. 3.1 zeigt die Vielfalt der Kompetenzelemente. Keiner ist in allen Bereichen bereits ein „Meister".

3.2 „Werkvertrag" basierend auf Erfahrung und Übung

Vertragstechnisch mögen Sie als Geistesarbeiter einen Zeitvertrag haben. Sie sollten aber von der Analogie ausgehen, dass von Ihnen ein „Werk" erwartet wird. Sie haben das Werk „Erfüllung Ihrer Aufgabenbeschreibung" zu leisten und es liegt – teilweise – in Ihrer Diskretion, welchen zeitlichen Einsatz Sie leisten und mit welcher Leistungsintensität Sie arbeiten. Das Qualitätsniveau der möglichen Leistungserfüllung ist oft eine „nach oben offene" Skala. Bei einem unbegrenzten Niveau der Leistung wird die „beste" Leistung erwartet, die der Mitarbeiter erbringen kann.

Der Arbeitgeber neigt dazu, sich bei der „besten" Leistung am Leistungsniveau der „besten" Mitarbeiter zu orientieren, das sind die talentierten und erfahrenen Mitarbeiter. Es spricht alles dafür, dass das Phänomen der Erfahrungskurve auch im Bereich der geistigen Leistung gilt.

Das Theorem der Erfahrungskurve (s. Gälweiler 1986) besagt, dass sich bei der Verdoppelung der Anzahl der Erfahrungen mit einer Aufgabenlösung der hierfür erforderliche Ressourceneinsatz um 20–30 % bezogen auf die eigene

© Springer Fachmedien Wiesbaden GmbH 2018
A. Bernsmann et al., *Arbeitsmethodik für Führungskräfte*, essentials,
https://doi.org/10.1007/978-3-658-20393-1_3

Tab. 3.1 Kompetenzen – vom Anfänger zum Großmeister[a]

	Anfänger	Fortgeschrittener	Meisteranwärter (Experte)	Großmeister
Anzahl der kognitiven Schemata (Grundlage der Definition des Niveaus)	Einige 10	Einige 100	Einige 1000	Einige 10.000
Qualität der kognitiven Schemata	Komplex, alltäglich, unangemessen	Einfach, angemessen, ungenügend	Komplex, angemessen, professionell	Komplexe Analogien
Methode des Problemlösens	Logisch im Sinn der Alltagslogik	Unlogisch, weil gemischt	Logisch, analytisch, der Logik des Faches entsprechend	Mentale Bilder, synthetisch
Qualität der professionellen Verständigung	Nicht professionell, beruht auf alltäglicher Intuition	Angespannt, schwankende Niveaus	Fachlich richtig, formal themenrelevant	Zutiefst intuitiv, informell, umfassend
Fachsprache	Wird vermieden	Bemüht „fremd"	Normal, ausdrucksfähig	„Selbstverständlich", anschaulich
Denkweise	Intuitiv	Gemischt, deshalb oft unlogisch	Rational	Intuitiv
Bewusst-seinsebene	Ist sich dessen, was er noch nicht weiß, nicht bewusst	Ist sich dessen bewusst, was er noch nicht weiß	Ist sich bewusst, was er weiß und woher er es weiß	Weiß, was angebracht ist, aber nicht, woher er es weiß
Dauer bis zur Reife	——	Einige Jahre	Etwa 5 Jahre	Mindestens 10 Jahre
Voraussetzungen	Interesse, etwas Beschäftigung mit dem Thema	Andauerndes Studium	Ausbildung, Abschluss	Talent

[a]Das Wesen der Fachkompetenz; diese Quelle ist bibliographisch nicht mehr zu lokalisieren

Wertschöpfung reduziert. Nehmen wir als Indikator für den gesamten Ressourceneinsatz der eigenen Wertschöpfung die eingesetzte Zeit, so würde also gelten:

1. Erfahrung z. B.	10 Einheiten,
2. Erfahrung	7 Einheiten,
3. Erfahrung	6 Einheiten,
4. Erfahrung	5 Einheiten,
☐	☐
8. Erfahrung	3 Einheiten.

Tab. 3.1 illustriert verschiedene Kompetenzniveaus, die sich durch die kumulierte Erfahrung entwickeln können.

Wenn also die Benchmark für eine gute Leistung von einem erfahrenen Mitarbeiter abgeleitet wird, der alle anstehenden Arbeiten schon ein paar Mal gelöst hat, dann hat der Neue in diesem Aufgabenbereich alle Mühe, auch nur in die Nähe dieses Leistungsvermögens zu kommen. Er wird – um der Erwartung nach einem guten Werk zu entsprechen – einen Mehreinsatz in (unbezahlter) Arbeitszeit und konzentrierter Arbeitsintensität leisten müssen. Daraus ergibt sich ein hoher Leistungsdruck für jüngere Mitarbeiter in den Berufen der Geistesleister.

Darüber hinaus gehört es aber zur Professionalität eines Geistesarbeiters zu erkennen, wie weit seine eigenen Erfahrungen genügen und wann ein Experte herangezogen werden muss, um einer Anforderung gerecht zu werden.

3.3   Durchsetzungskompetenz

Von einer Führungskraft wird nicht nur die intellektuelle Kapazität verlangt, eine Aufgabenlösung zu erarbeiten. Von ihr wird auch verlangt, die Lösung umzusetzen. Sie braucht die „Durchsetzungskompetenz". Eine grundlegende Herausforderung bei der Arbeit ist es nun, den Zwang, die Aufgabe zügig und klar zu erfüllen, mit dem Wunsch nach Akzeptanz durch die anderen zu verbinden. Das ist ein Dilemma, wenn die eigene Aufgabenerfüllung nicht spontan von den anderen unterstützt wird. Gerade das ist bei der verantwortungsvollen Arbeit häufig der Fall. Bei komplexen Aufgabenstellungen gibt es schon sachlich mehrere mögliche Lösungen, die mit unterschiedlichen Unsicherheiten und Vor- und Nachteilen für die Organisationsmitglieder verbunden sein mögen. Andere Teammitglieder oder – weiter gefasst – Organisationsmitglieder mögen also eine unterschiedliche Perspektive auf das Problem und die bevorzugenswerten Lösungsansätze haben.

Es ist kaum allgemein zu spezifizieren, wie dieses Spannungsverhältnis gelöst werden kann. Es gibt viele unterschiedliche Wege zum Erfolg. Eine Person macht es mit Charme, die andere mit logischen Argumenten und ganz Begabte können ein breites Repertoire situationsbezogen einsetzen. Insofern sind die folgenden Hervorhebungen eine subjektive Auswahl. Für das persönliche Durchsetzungsvermögen erscheinen folgende Fähigkeitsbündel förderlich:

- Konzentration,
- Überzeugungsfähigkeit,
- Konsequenz,
- Ausüben von Druck und Macht.

Konzentration ist notwendig, damit Energie auf ein Thema gebündelt wird. Durchsetzungsfähig ist man nicht beim Reden und Handeln „zwischen Tür und Angel". Keiner kann bei jedem Thema mit „voller Power" auftreten. Es gilt selektiv zu sein und nur bei wichtigen Themen um die Durchsetzung ringen. (Würde man versuchen, sich in allen Vorgängen durchsetzen zu wollen, würde die anderen dies als Dominanzstreben ansehen und es würde per se Aversionen erzeugen, die die Zusammenarbeit hemmen.)

Überzeugungsfähigkeit ist ein Ergebnis vielfältiger Einzelfähigkeiten. Es lohnt, diese auszudifferenzieren, denn dies zeigt, dass diese Fähigkeiten kontinuierlich entwickelt und im Einzelfall erarbeitet werden müssen:

- transparente und verständliche Aufbereitung der verfolgten Ziele, Aufzeigen des Vorteils bei Erfolg der Arbeit, Aufzeigen der Nachteile bei Verweigerung der gemeinsamen Anstrengungen;
- Suche nach Möglichkeiten, die Ausgangslage und die Verbesserungen beziehungsweise die Annäherung an das Ziel messbar zu machen;
- extrovertierte Kommunikationsfreude;
- Argumentationsstärke;
- rhetorische Übung;
- Begeisterungsfähigkeit.

Konsequenz oder, als Steigerung, Hartnäckigkeit gehören zum Durchsetzungsvermögen. Ein durchsetzungsfähiger Mensch akzeptiert einfach nicht, dass er sich mit seinem Anliegen nicht durchsetzen kann.

- Natürlich ist die Arbeitstechnik der Wiedervorlage, der Arbeitsplanung usw. vorausgesetzt. Sodann ist es ein wichtiges Führungsinstrument, nicht eingehaltene Termine anzumahnen.
- Hartnäckigkeit in der Argumentation zeigt sich darin, dass man nicht nur die eigenen Argumente wiederholt, sondern auch auf die Einwände und Gegenargumente sehr spezifisch eingeht.
- Konsequenz und Hartnäckigkeit können dazu führen, den anderen „auf die Nerven" zu gehen – falls das erforderlich ist. Um die Mission zu erfüllen, ist das gewünscht und beweist Durchsetzungsfähigkeit.

Konflikten nicht aus dem Wege zu gehen und sie, wenn möglich, konstruktiv zu lösen, mag in schwierigeren Fällen geboten sein. Gerade daran zeigt sich das Spannungsverhältnis zwischen Durchsetzungsfähigkeit und Sozialkompetenz. Um durchsetzungsfähig zu sein, muss eine Führungskraft möglicherweise „unangenehm" sein.

Wenn Überzeugung nicht wirkt, besteht der Ausweg darin, *Macht* einzusetzen. Bei der Zusammenarbeit zwischen Gleichrangigen bedeutet der Einsatz von Macht zumeist, dass der gemeinsame Vorgesetzte gebeten wird, „ein Machtwort" zu sprechen, um mit seiner Autorität den anderen zur Zusammenarbeit zu veranlassen. Eine solche Eskalation ist jedoch immer kritisch. Denn der Vorgesetzte schätzt es nicht, in einen Konflikt hineingezogen zu werden, und das Verhältnis zum gleichrangigen Kollegen wird dadurch zerrüttet. Der Machteinsatz ist daher nur im Notfall anzuraten.

3.4 Loyalität

Als junge Führungskraft, die für eine höher gestellte Führungskraft arbeitet, brauchen Sie neben der Kompetenz noch eine weitere Eigenschaft: Loyalität zu der vorgesetzten Führungskraft. Diese ist unabdingbar. Kein Chef kann auf Dauer mit einem Mitarbeiter zusammenarbeiten, von dem er nicht respektiert wird und auf dessen Loyalität er sich nicht voll verlassen kann.

Der Chef muss und will mit seinen Mitarbeitern eine gute Leistung erbringen. Er will noch weiter Karriere machen, auf keinen Fall aber als Versager selbst gefährdet sein. Dieses Interesse verlangt notwendig, dass er von seinen Mitarbeitern unterstützt wird. Darauf muss der Chef hinwirken, dies muss er erreichen, darauf will er sich verlassen. Das Idealbild, das ein Chef gerne für sich und seine Mannschaft projiziert, kann zum Beispiel folgendes sein: Wir sind eine Leistungsgemeinschaft im Hochleistungssport. Im Wettbewerb aller gegen alle geht es darum, unsere Position zu behaupten. Eine solche Leistungsgemeinschaft hat einen Chef, der von allen Teammitgliedern anerkannt wird, und diese Unterordnung unter den Chef wird von allen Teammitgliedern als völlig selbstverständliche Voraussetzung für den Teamerfolg akzeptiert. Alle Mannschaftssportarten bauen darauf auf. Man denke zum Beispiel an die Tour de France, wo die Teammitglieder sich für den Teamchef in einer sehr geplanten Weise einsetzen müssen.

In der Unternehmung umfasst eine Leistungsgemeinschaft typischerweise folgende Personen:

- Chef,
- Assistent bzw. Assistentin des Chefs,
- Kollegen – andere Mitarbeiter des gleichen Chefs,
- Untergebene,
- Projektteams, in die man entsandt wurde.

Innerhalb der Leistungsgemeinschaft ist keinerlei Platz für Rivalitäten. Rivalitäten mögen zwar bestehen, aber sie dürfen nicht „störend" zutage treten. Sie ‚nerven' den Chef, weil latent sein Eingreifen erforderlich wird. Rivalitäten sind Reibungsverluste, die die Teamleistung reduzieren.

Der Chef der Mannschaft erwartet unbedingte Loyalität aus mehreren Gründen. Erstens ist er derjenige, der die Arbeitsplätze zur Verfügung stellt und sie bei den regelmäßigen Diskussionen, wo wieder Stellen eingespart werden können, gegenüber seinen Vorgesetzten rechtfertigt und verteidigt. Sodann ist leicht zu begründen, dass nur ein Zusammenwirken aller den Sieg für die Mannschaft bewirkt. In aller Regel ist die Leistung der jeweiligen Abteilung nur durch das Zusammenwirken der Mitglieder der Abteilung möglich – und zwar durch ein perfektes, reibungsloses Zusammenwirken. Dieses Zusammenwirken ist nur möglich, wenn man sich in die Erfordernisse der Teamleistung einordnet. Es ist die Aufgabe des Chefs, diese Anforderungen zu spezifizieren. Es ist aber die Aufgabe des Mitarbeiters, sich um das richtige Verständnis der Aufgabenstellung zu bemühen.

Klärung der Aufgabenstellung 4

4.1 Einnehmen der Perspektive des Chefs und der des Chefs des Chefs

Die Klärung der Aufgabenstellung hat mehrere Einstellungsbereiche bei der Aufnahme. Im engen Focus muss sich der Mitarbeiter in die Lage des Chefs versetzen. Der Chef muss wiederum den Anforderungen seines Chefs bzw. denen der obersten Geschäftsführung entsprechen. Daher ist es zweckmäßig, auch in einer „Weitwinkel"-Einstellung die Perspektive des Chefs des Chefs einzunehmen. Welches sind die Probleme, mit denen sich die Chefs gerade vorrangig befassen müssen? Welche Rücksichten müssen sie auf wen nehmen? Aus dieser Helikopterperspektive können dann die Herausforderungen für den eigenen Verantwortungsbereich besser abgeleitet werden. Die Chefs werden das Führungspotenzial des Führungsnachwuchses danach beurteilen, inwieweit sich eine Nachwuchskraft in die Aufgabenstellungen des Chefs hineinversetzen kann.

Aus der Perspektive des Chefs ist zwischen den eigenen Aufgaben des Chefs und denen der Abteilung zu unterscheiden. Die Abteilung hat ihre Sachaufgabe aus den Aufgaben der gesamten Organisation abgeleitet. Das Gewicht der persönlichen Aufgaben des Chefs leitet sich von den Prioritäten ab, die der Chef des Chefs dem Chef gegeben hat, von den Ambitionen, die der Chef hat, und von den Zwängen, denen er unterliegt. So kann es Abteilungsfunktionen geben, die aus der Sicht der Organisation wichtig und notwendig sind, die den Chef aber zurzeit nicht persönlich interessieren, weil er völlig andere Prioritäten hat. Er kann dann vermutlich auch nur wenig Zeit für die Belange dieser Abteilung aufbringen. Wenn dem so ist, dann sollte dies für die Mitarbeiter der Abteilung kein Anlass zur Frustration sein: Sie sollten sich nicht weniger wichtig nehmen, weil sich der Chef nicht selbst besonders für die Aufgaben der Abteilung engagiert. Die Herausforderung und die Chance für die Abteilungsmitarbeiter ist es nun, dem Chef

© Springer Fachmedien Wiesbaden GmbH 2018
A. Bernsmann et al., *Arbeitsmethodik für Führungskräfte*, essentials,
https://doi.org/10.1007/978-3-658-20393-1_4

„den Rücken freizuhalten". Die Aufgabe der Mitarbeiter ist es, das gute Funktionieren der Abteilung und deren Weiterentwicklung sicherzustellen, obwohl der Chef selbst keine direkten Beiträge dazu leistet.

Zur Loyalität gegenüber dem Chef gehört es auch, dem Chef ungeliebte Arbeit abzunehmen. Sich dem Chef also nicht nur nützlich zu machen, sondern sogar ein Gefühl der persönlichen Dankbarkeit zu erringen, ist möglich, wenn man dem Chef Arbeiten abnimmt, die er selbst nicht mag – oder eben auch nicht so gut kann.

4.2 Klärung konkreter Bearbeitungsaufgaben

4.2.1 Präzisierung der Aufgabenstellung

Konkrete Aufträge, die ein Chef einer Führungsnachwuchskraft erteilt, können – ungeachtet der noch begrenzten Berufserfahrung – bereits Analysen und Handlungsprogramme für sehr komplexe Problemstellungen umfassen. Nun würde es – theoretisch – einer perfekten Führung entsprechen, wenn der Chef genau spezifizieren würde, welche Aufgabe bis wann von wem auf welche Art und Weise zu erfüllen wäre. Zudem müsste er, was leider meist vernachlässigt wird, klären, mit welchem Perfektionsgrad die Arbeit durchgeführt werden muss: ein Entwurf, ein Diskussionspapier, ein fertig ausgearbeitetes Maßnahmenprogramm.

So ideal wird es aber in der Praxis nicht sein. Der Chef umreißt tatsächlich nur grob, was er braucht. Es liegt dann an Ihnen, dem Mitarbeiter, genau zu klären, wo eine weitere Spezifikation erforderlich ist. Das setzt voraus, dass Sie sich schon etwas in die Fragestellung vertieft haben. Aus der Beschäftigung mit der Problemstellung heraus müssen Sie an der „Forschungsfrage" arbeiten. Diese Spezifikation ist dann mit dem Auftraggeber abzustimmen, ob diese Präzisierung das trifft, was er sucht. Was in der Klärung der Aufgabenstellung versäumt wird, wird in der gesamten Durchführung als Lücke und Fehlorientierung bleiben.

4.2.2 Weiterführende Fragen

Bei den meisten „komplexen Fragestellungen" ist eine Antwort auch nur ein Zwischenergebnis. An dieses schließt sich regelmäßig eine nachfolgende Frage oder ein nachfolgender zweiter Schritt des Handlungsprogrammes an. Die Kompetenz des Mitarbeiters zum „Mitdenken" zeigt sich, wenn er diesen zweiten Schritt gleich bei der Formulierung der Forschungsfrage mitbedenkt.

Zur Einbeziehung des zweiten Schritts gehört natürlich auch, dass der Mitarbeiter überlegt, was zu tun ist, wenn eine vorrangig verfolgte Option „nicht geht".

Dann obliegt es ihm, einen weiteren, aussichtsreichen Weg zu suchen. Wie sagte doch ein erfahrener Chef? „Auf *keinem* Weg ist es noch nie gegangen!"

4.2.3 Einordnung der Aufgabenstellung in übergeordnete Fragestellungen

Um die Perspektive des Chefs einzunehmen und um mögliche weiterführende Fragestellungen zu erkennen, eignet sich hervorragend eine Analysetechnik, die gute Managementberater anwenden. Die Bücher von Barbara Minto oder Harald Hungenberg sind hierfür eine sehr empfehlenswerte Lektüre (Minto 2009; Hungenberg 2010).

Diese Analysetechnik verlangt, *alle* möglichen „Ursachen" für eine „Wirkung" aufzuzeigen (siehe Abb. 4.1). Die Ursachen sollen dabei so gegliedert werden, dass sie sich wechselseitig ausschließen, also nicht überlappen und damit mehrdeutig werden. Alle genannten Ursachen sollen aber die aufgezeigte Wirkung erschöpfend erklären können. Barbara Minto nennt das Prinzip „MECE": mutually exclusive and comprehensively exhaustive.

4.2.4 Klärung der Fragestellung bis zum Abschluss der Arbeit

Weil die Aufgabenstellung so wichtig ist, ist sie erst mit dem Abschluss der Arbeit zu beenden. Im Prozess der Durchführung treten Fragezeichen zur Aufgabenstellung auf, die eben dann – schon bei fortgeschrittener Arbeit – in einer erneuten Klärungsphase aufgegriffen werden müssen.

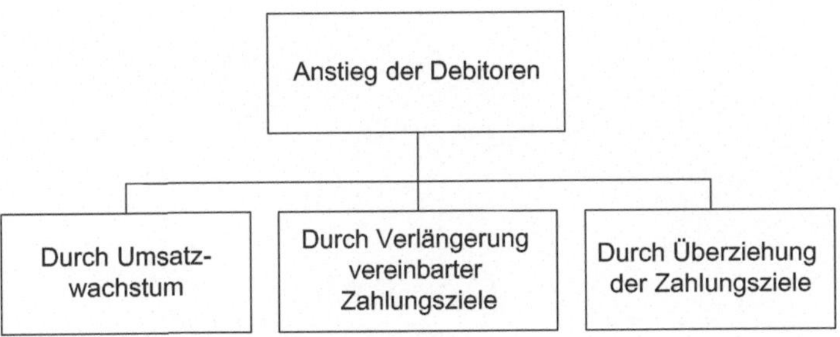

Abb. 4.1 Methode der Ursachengliederung (anhand eines Beispiels dargestellt). (Quelle: eigene Darstellung)

Und dann, wenn das Arbeitsergebnis vorliegt, tut man gut daran, nochmals die Frage nach der praktischen Relevanz zu stellen: „So what?" Was bedeutet das Ergebnis? Was machen wir jetzt?

Wenn es keine darauf folgende sinnvolle Handlung gibt, kann das – selten – eine Antwort auf die Aufgabenstellung sein, im Zweifel ist es aber geboten, nochmals an die Aufgabenstellung zu gehen. Man muss den eigentlichen Anstoß für die Aufgabenstellung nochmals hernehmen. Welcher Bedarf steht hinter der Frage? Wenn die Frage nicht zu einer sinnvollen Antwort führt, der ursprüngliche Bedarf für eine Klärung aber noch besteht, muss man eine neue, zutreffendere Frage formulieren.

Arbeitsmethoden für den Leistungsprozess   5

5.1   Bedeutung der Ressource Zeit

Die Methodik zur guten Nutzung der Zeit ist überall von Bedeutung. Die Zeit ist eine absolut begrenzte Ressource. Für die Geistesarbeiter ist diese Begrenzung besonders spürbar, da es in der Natur der Aufgaben für Geistesarbeiter liegt, dass immer noch etwas besser gemacht werden könnte, indem noch etwas mehr Zeit eingesetzt würde. Für Geistesarbeiter – und damit für Führungskräfte – gilt, dass die zeitliche Überlastung nicht der Ausnahmefall ist, sondern eine ständige Erscheinung im Arbeitsleben. Aus diesem Grund ist Zeitmanagement, also die effektive Nutzung der Ressource Zeit, ein wesentlicher Bestandteil ihres erfolgreichen Selbstmanagements. Gleichzeitig bedeutet dies, dass sie selber für die persönliche Zeitnutzung verantwortlich sind. Letztlich gibt es zwei Wege, die eigene Zeit sinnvoll zu nutzen:

1. Indem man es schafft, mittels guter Planungs- und Arbeitsmethoden, mehr Aufgaben in derselben Zeit zu erledigen, oder
2. indem man Aufgaben delegiert. Dies bedeutet, dass die Führungskraft sich dazu entscheiden muss, gewisse Aufgaben in Zukunft nicht mehr selbst zu erledigen. Das ist eine Entscheidung, die *jede* Führungskraft treffen muss (vgl. hierzu Malik 2013, S. 325).

© Springer Fachmedien Wiesbaden GmbH 2018   17
A. Bernsmann et al., *Arbeitsmethodik für Führungskräfte*, essentials,
https://doi.org/10.1007/978-3-658-20393-1_5

5.2 Fleiß und Pünktlichkeit

Um die knappe Ressource Zeit gut zu nutzen, sind Fleiß (Arbeitsintensität) und Pünktlichkeit unabdingbar. J. J. Fox empfiehlt hierzu (2010):

Komme fünfundvierzig Minuten früher und gehe fünfzehn Minuten später.

Wenn Du der Erste in Deinem Unternehmen werden willst, dann fange damit an, dass Du regelmäßig der Erste am Arbeitsplatz bist. Leute, die zu spät zur Arbeit kommen, mögen ihre Arbeit nicht – zumindest denken das ihre Vorgesetzten. Die Leute kommen nicht 12 min zu spät zum Kino. Früh anzufangen gibt einem immer einen psychologischen Vorteil über die anderen im Unternehmen.

Bleibe nicht jeden Abend bis 22 Uhr im Büro. Du gibst damit zu erkennen, dass Du nicht mithalten kannst oder dass Dein Privatleben ärmlich ist. Gehe stattdessen fünfzehn Minuten später heim. In diesen fünfzehn Minuten organisierst Du den nächsten Tag und räumst Deinen Schreibtisch auf.

5.3 Aufschreiben der Aufgaben

Die Grundvoraussetzung für das Zeitmanagement ist es, eine vollständige Übersicht über alle Aufgaben zu erstellen, indem sie „aufgeschrieben" werden. Wenn Sie das noch nicht als ständige Praxis pflegen, dann ist die Lektüre des Büchleins von David Allen: „Wie ich die Dinge geregelt kriege" (2002) sehr zu empfehlen.

Die nächste Entwicklungsstufe für das „Aufschreiben der Aufgaben" ist das „Superbuch" (vgl. Greisle 2010, S. 88). Es ist ein physisches Buch, das sozusagen als Ihr externer Speicher dient. In diesem Buch ist alles konsequent zu notieren, was Sie beruflich sowie privat beschäftigt, dabei sind einige Regeln einzuhalten, welche in Tab. 5.1 dargestellt sind.

Tab. 5.1 Handhabung des Superbuches. (Quelle: in Anlehnung an Greisle 2010, S. 91)

Übersichtlichkeit	• Verwenden Sie für jedes Thema und jeden Tag eine neue Seite • Trennen Sie die Notizen durch einen Querstrich • Streichen Sie nicht mehr benötigte Notizen durch
Struktur	• Nummerieren Sie die Seiten und führen Sie ein Inhaltsverzeichnis über die wichtigsten Notizen • Verwenden Sie Symbole für verschiedene Arten von Notizen, z. B. ein Hörer-Symbol für eine Telefonnotiz (oder alternativ den Buchstaben T)
Prägnanz	• Formulieren Sie kurze prägnante Stichwörter • Führen Sie Abkürzungen für häufig wiederkehrende Redewendungen ein
Terminierung	• Keine Notiz ohne Datum!

Abb. 5.1 Seiteneinteilung
der Cornell-Notiz. (Quelle:
in Anlehnung an Andler
2013, S. 216)

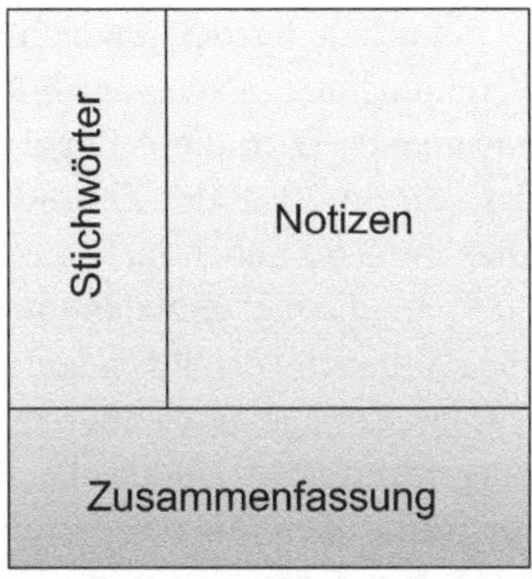

Eine weitere Möglichkeit, um die Übersichtlichkeit vor allem bei umfangreichen Notizen zu gewährleisten, ist die Methodik der Cornell-Notiz (siehe Abb. 5.1). Dabei wird eine Seite des Superbuches in drei Bereiche aufgeteilt – Stichwörter, Notizen, Zusammenfassung – diese Vorgehensweise erleichtert die spätere Weiterverarbeitung und Konsolidierung der Notizen, da diese übersichtlich und in einem sinnhaften Format zusammengefasst sind.

Während eines Gesprächs, eines Meetings oder eines Vortrags machen Sie sich Notizen in den dafür vorgesehen Bereich „Notizen". Anschließend bringen Sie die wichtigsten Kernaussagen in Stichwörtern oder kurzen Merksätzen auf den Punkt. Ganz zum Schluss führen Sie die Hauptgedanken, welche für Sie persönlich und für Ihre weitere Arbeit von Bedeutung sind, im unteren Bereich zusammen (vgl. Andler 2013, S. 216 f.).

Allerdings erfordert nicht jede Notiz eine Cornell-Notiz, verwenden Sie diese nur bei umfangreichen und wichtigen Notizen (vgl. ebd., S. 217).

Nach der Erfassung aller Aufgaben geht es darum, die Reihenfolge festzulegen, nach der sie im Zeitablauf zu bearbeiten sind. Dafür sind die nachfolgend geschilderten Methoden hilfreich.

5.4   80/20-Regel

Die 80/20-Regel, auch als das Pareto-Prinzip bekannt, geht auf den italienischen Ökonomen Vilfredo Pareto zurück. Die Regel besagt, dass üblicherweise mit 20 % des Aufwands (Zeit, Geld, Personal etc.) bereits 80 % der Ergebnisse erzielt werden. Im Umkehrschluss bedeutet dies, dass mit den verbleibenden 80 % des Aufwandes nur 20 % des Ertrags erzielt werden (vgl. Hettl 2013, S. 171).

Natürlich handelt es sich hierbei um eine Daumenregel, doch diese starke Vereinfachung macht die 80/20-Regel zum brauchbaren „Tool" des Selbstmanagements. Wird diese Regel auf das Zeitmanagement transferiert, bedeutet dies, dass Sie in 20 % der Zeit 80 % Ihrer wesentlichen Aufgaben erledigen können. Dies impliziert aber auch, dass Sie mit den verbleibenden 80 % der Zeit, lediglich 20 % an „Ertrag" erzielen und somit Ihre Zeit für mehr oder weniger unwesentliche Aufgaben verschwenden.

Die Aussage erscheint vergröbert und riskant. Der Nutzen dieser Kategorisierung rechtfertigt jedoch die Faustformel. Schließlich müssen Sie sich als Führungskraft sich auf den Bereich konzentrieren, in dem Sie mit 20 % Zeiteinsatz 80 % des „Ertrags" erwirtschaften. Hierbei handelt es sich demnach um die wirklich wichtigen Aufgaben, die Sie auch tatsächlich selbst erledigen sollten. Die verbleibenden Aufgaben sollten Sie einer kritischen Prüfung unterziehen und sich fragen, ob Sie sie nicht delegiert können (vgl. ebd., S. 172).

▶ Analysieren Sie genau, wie viel Zeit Sie für welche Aufgaben investieren, und prüfen Sie, ob dieses Verhältnis der Wichtigkeit der Aufgaben entspricht.

5.5 Eisenhower-Matrix

Die Eisenhower-Matrix (siehe Abb. 5.2) ist eine leicht verständliche Darstellung eines Sachverhalts, der an sich sehr komplex ist. Aus diesem Grund verfügt diese Matrix über ein gewaltiges Potenzial.

Die Überlegung hinter dieser Matrix ist recht einfach: Es gibt Aufgaben, die dringend sind, und wiederum andere, die nicht dringend sind. Ebenso gibt es Aufgaben, die wichtig sind, und andere, die weniger wichtig oder sogar unwichtig sind (vgl. Neubauer und Rankl 2010, S. 117).

Anhand der Beispiele in diesen Feldern lässt sich bereits die Priorität der verschiedenen Felder ausmachen. Die wichtigen Aufgabenbereiche („A" und „B") sollten Sie selbst erledigen. Aufgaben im Feld „C" sollten Sie immer delegieren. Sie sind zwar von hoher Dringlichkeit, jedoch nicht wichtig und würden Ihren eigenen Aufgabenbereich überfluten. In der hier dargestellten Eisenhower-Matrix heißt es, dass der „D"-Bereich nicht bearbeitet wird (vgl. ebd., S. 117). In anderen Quellen gehen Autoren noch weiter und vertreten die Auffassung, dass diese Aufgaben „in den Müll" gehören (vgl. Hettl 2013, S. 173). Dies hängt letztlich von Ihrer persönlichen Definition von Dringlichkeit und Wichtigkeit ab. Ein Merksatz, der Sie als Führungskraft stets begleiten sollte, lautet:

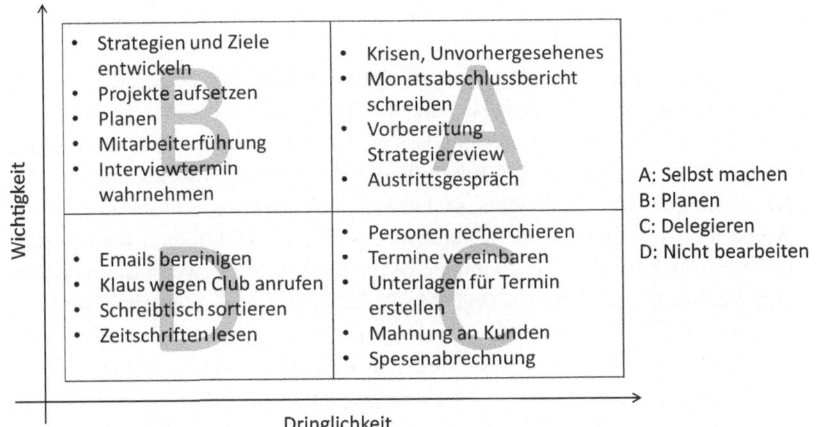

Abb. 5.2 Die Eisenhower-Matrix. (Quelle: Neubauer und Rankl 2010, S. 117)

▶   Was nicht wichtig ist, kann entweder delegiert, automatisiert oder eliminiert werden!

5.6   Zeitplanung

Nachdem Sie nun die verschiedenen Aufgaben des Berufsalltages analysiert haben und diese in verschiedene Prioritätsstufen eingeteilt haben, ist die Versuchung sehr groß, den ganzen Arbeitstag zu verplanen. Man darf nicht vergessen, dass ein großer Teil der persönlichen Arbeit unvorhersehbar ist. Und auch die vorhergesehene, geplante Arbeit dauert – bei komplexen Aufgaben – oft unvorhergesehen länger. Experten in Zeitmanagement empfehlen daher, grundsätzlich ein Drittel Reservezeit einzuplanen (von Münchhausen 2006, S. 156). Sie sollten daher circa 60 % der täglichen Arbeitszeit planen und die restlichen 40 % als Pufferzeit einkalkulieren (vgl. ebd., S. 173). Wie bei anderen Methoden hängt diese Verteilung vom Umfeld und Ihrer Persönlichkeit ab. Darüber hinaus kann es hilfreich sein, Ihre Aufteilung der täglichen Arbeitszeit festzuhalten, um diese mit Ihrem gewünschten Sollzustand zu vergleichen (vgl. Hölzerkopf 2005, S. 148 ff.).

▶   Achten Sie bei der Zeitplanung für Ihre Mitarbeiter und sich selbst auf den Einbau von Zeitreserven, um Korrekturschleifen gehen zu können!

5.7   Kalender

Der Kalender oder die Agenda gehört zu den wichtigsten Gegenständen, um Ihre eigene Zeit möglichst effektiv zu nutzen. Entscheidend bei der richtigen und damit effektiven Nutzung Ihres Kalenders ist nicht die Frage, ob Sie alle Kleinigkeiten detailliert erfasst haben, sondern die Perspektive, die Sie einnehmen.

Die Erstellung eines Kalenders, in den Sie nur kurzfristig Ereignisse eintragen, ist wenig sinnvoll. Diese sind Bestandteil des Tagesgeschäfts und können meist nicht verschoben werden. Viel lohnenswerter für Sie ist es, wenn Sie eine langfristige Perspektive einnehmen (vgl. Malik 2014, S. 324 ff.). Hierbei handelt es sich in erster Linie, um eine grobe Strukturierung des eigenen Lebens: Sie tragen Ihren Urlaub ein, Geburtstage oder vielleicht Ereignisse, welche in regelmäßigen Abständen stattfinden und die somit leicht zu planen sind. Auf diese Weise können Sie sehr schnell Ihrem Kalenderjahr eine grobe Struktur geben und zeitliche Überschneidungen direkt erkennen.

Auch Ihr privates Leben können Sie derart planen. Sie können den Kalender außerdem dazu nutzen, sich persönliche Ziele zu setzen (vgl. Lang 2013, S. 143): „Ich möchte in einem Monat mein Buch fertiggelesen haben". Oder Sie planen mithilfe des Kalenders Ausflüge mit der Familie.

Der Kalender ist keine nervige Verpflichtung, sondern Ihr Partner für ein gutes Zeitmanagement. Er ermöglicht zugleich die Einhaltung von beruflichen und privaten Zielen (vgl. Neubauer und Rankl 2010, S. 115 f.).

▶   Pflegen Sie Ihren Kalender regelmäßig mit beruflichen und privaten Terminen, damit sie beiden Anforderungen gerecht werden können!

5.8   Effektives Lesen

Die Menge an Informationen und Texten, die Sie als Führungskraft jeden Tag zu lesen haben, ist enorm. Deshalb ist es hilfreich, sich Methoden anzueignen, um Texte schneller erfassen zu können.

Zuerst sollten Sie immer alle Überschriften oder Zwischenbemerkungen, wie Grafiken, Kästchen oder Seitenrandhinweise, überfliegen. Blättern Sie die Schriftstücke durch und vertiefen Sie sich selektiv dort, wo etwas für Sie interessant ist, und hören Sie auf, wenn Sie etwas nicht mehr interessiert. Entscheidend ist, dass Sie die Informationen bekommen, die Sie suchen und brauchen. Das impliziert, dass Sie im Vorfeld genau definieren, welche Informationen Sie aus dem Schriftstück ziehen wollen. Dadurch wird das Gehirn auf die gesuchte Information sensibilisiert und unterscheidet schon während des Lesens zwischen Wichtigem und Unwichtigem (vgl. Moritz und Riembach 2006, S. 191).

Ein sehr effektives Mittel, um die Zahl der Schriftstücke zu reduzieren, ist es, Ihre Mitarbeiter dazu anzuhalten, Ihnen „One-Pager" zu schreiben. Schulen Sie Ihre Mitarbeiter, sich auf das Wesentliche in kurzer und knapper Form zu beschränken. Bei Büchern und längeren Artikeln aus Fachzeitschriften sollten Sie erst die Zusammenfassungen bzw. den Klappentext oder das Inhaltsverzeichnis lesen, um herauszufinden, in welchen Teil Sie vertieft einsteigen wollen (vgl. Hettl 2013, S. 179 f.).

Machen Sie sich während des Lesens Notizen, markieren Sie wichtige Informationen und platzieren Sie Haftnotizzettel. Dadurch können Sie sich im Nachhinein auf wichtige Passagen fokussieren und finden sich bei wiederholtem Durchsehen schneller im Text zurecht. Diese Methode hilft Ihnen, mit der Informations- und Papierflut wesentlich besser fertig zu werden (vgl. ebd., S. 179 f.).

▶ Bevor Sie einen Text zur Hand nehmen, definieren Sie ein Ziel, welche Informationen Sie suchen oder welche Fragen Sie beantworten möchten. Das spart Zeit und fokussiert Ihr Gehirn automatisch auf das Gesuchte!

5.9   Schriftlichkeitsprinzip

„Wer schreibt, der bleibt" lautet ein bekanntes Sprichwort. Diese einfache, aber wirkungsvolle Aufforderungen sollten Sie in Ihren Alltag als Führungskraft integrieren, da Sie mit vielen Aufgaben, Terminen, Anliegen von Mitarbeitern und Informationen konfrontiert werden. Damit Sie den Überblick behalten und kein wichtiges Thema in Vergessenheit gerät, ist die Verschriftlichung in Form von Notizen unumgänglich. Allerdings ist die Wirksamkeit des Notizenmanagements ohne eine Ablage oder ein System des Wiederfindens nutzlos (vgl. Koenig et al. 2012, S. 63).

▶ Nutzen Sie Notizen, um Ihren Kopf zu entlasten und sicherzustellen, dass Sie nichts vergessen. Sorgen Sie dafür, dass alle Notizen an einem Ort aufbewahrt werden!

5.10   Organisierter Schreibtisch

Der Schreibtisch ist Ihre „Schaltzentrale" – von hier aus managen Sie sich und Ihr Team. Dabei verhindern Aktenstapel zügiges und konzentriertes Arbeiten, da sie die Übersicht erschweren und viel Raum für Ablenkung schaffen. Die Papierstapel sind nichts anderes als ein Papierstau, der dadurch entsteht, dass der Zufluss größer ist als der Abfluss. Natürlich gilt dies nicht nur für Ihren Schreibtisch, sondern auch für Ihr E-Mail-Konto, welches sozusagen den Schreibtisch der Neuzeit darstellt.

Dieses Stauproblem lässt sich beheben, indem Sie den Zufluss stoppen oder reduzieren, ganz oder teilweise umleiten, den Engpass beseitigen oder den Abfluss verstärken. Ein aufgeräumter Schreibtisch macht nicht nur einen guten Eindruck, sondern spart vor allem eine Menge Zeit und sorgt gleichzeitig für Freiraum im Kopf. Doch wie schafft man einen aufgeräumten Schreibtisch?

Eine sehr einfache, aber wirkungsvolle Methode ist das Priorisieren der Papiere nach Dringlichkeit und Wichtigkeit, wie es mithilfe einer Eisenhower-Matrix (vgl. Abb. 5.2) erreicht werden kann. Dementsprechend bekommen die „A"-Aufgaben eine rote Klarsichthülle, da sie noch am selben Tag erledigt werden müssen. Verwenden Sie gelbe Klarsichthüllen für „B"-Aufgaben, die zu einem späteren Zeitpunkt zu erledigen sind, und grüne für „C"-Aufgaben, die Sie an Ihre Mitarbeiter delegieren können. Es bietet sich auch an, unterschiedliche Farben für verschiedene Arbeitsgebiete oder Mitarbeiter zu verwenden (vgl. Hettl 2013, S. 177.).

Ist der Zufluss an Informationen, Schriftstücken und Aufgaben auf Dauer zu groß, müssen Sie diesen reduzieren, indem Sie sich auf weniges Wichtiges konzentrieren und Arbeit an Ihre Mitarbeiter delegieren. Ihr Engpass wird meist schon von selbst deutlich kleiner, wenn Sie diszipliniert die priorisierten Aufgaben abarbeiten. Nur dann beschäftigen Sie sich zum richtigen Zeitpunkt mit den richtigen Aufgaben und sind produktiv und effektiv.

Sollte der Engpass auf Ihrem Schreibtisch nach wie vor vorhanden sein, müssen Sie den Abfluss verstärken. Dazu ist zuerst eine genaue Analyse der bisherigen Dokumenten- und Papierstapel nötig. Werden Sie sich bewusst, welche Vorgänge auf Ihrem Schreibtisch sind, und entscheiden Sie, ob diese auch dort hingehören. Auf Ihrem Schreibtisch sollten nur die Dokumente und Gegenstände liegen, die Sie für Ihre tägliche Arbeit benötigen. Alle anderen Dinge müssen aus Ihrem unmittelbaren Blickfeld verschwinden, da diese Sie ablenken könnten. Auf dem Schreibtisch direkt vor Ihnen liegt nur der Vorgang, an dem Sie gerade arbeiten (vgl. ebd., S. 177).

▶ Eine einfache, aber ebenso effiziente Regel ist es, jedes Stück Papier nur einmal in die Hand zu nehmen und direkt zu entscheiden, was damit zu tun ist: erledigen, aufschieben, delegieren oder wegwerfen (ebd.). Mit den aufgeschobenen Vorgängen befassen Sie sich erst wieder, wenn sie zur Erledigung anstehen.

5.11 Checkliste

Standardisierung und Routine von Aufgaben ist wichtig, um die Produktivität und Funktionsweise sicherzustellen, insbesondere bei Aufgaben und Tätigkeiten, welche in größeren Zeitabständen wiederkehren (vgl. Malik 2014, S. 329). Checklisten sind sehr vielfältig einsetzbar. So lassen sich mit deren Hilfe Arbeitsabläufe zu Routinen gestalten, Kontrollen und Analysen durchführen, Besprechungen strukturieren, Bewerbungsgespräche oder Verhandlungen führen und Reisen organisieren. Checklisten sorgen aber auch dafür, dass Tätigkeiten delegierbar werden. So kann eine Checkliste auch Ihrer Vertretung helfen, Ihre Aufgaben zu erledigen (vgl. Simon 2007, S. 133 f.).

Wenn Sie eine Checkliste erstellen, sollten Sie darauf achten, dass die einzelnen Punkte klar und präzise formuliert sind und kein Raum für Interpretationen bleibt. Wenn Sie beispielsweise eine Checkliste für Ihren Stellvertreter formulieren, gehen Sie in Gedanken die einzelnen Schritte bzw. Aufgaben durch und notieren Sie diese. Lassen Sie ausreichend Platz zwischen den einzelnen Schritten, um beim zweiten Gedankendurchgang Ergänzungen hinzufügen zu können (vgl. ebd., S. 135).

Checklisten lassen sich sowohl während des Vorgangs als auch im Nachhinein zur Kontrolle verwenden. Wir empfehlen die Verwendung von Checklisten im Nachhinein, da Sie dann die Aufgaben „frei" erledigen und sie somit im Laufe der Zeit verinnerlichen. Machen Sie sich bewusst, dass eine Checkliste nicht nur Ihrer Vertretung während Ihrer Abwesenheit hilft, sondern auch Sie persönlich profitieren von einer Checkliste. Sie hilft Ihnen, große und komplexe Aufgaben erfolgreich zu bewältigen, welche im besten Fall über Ihre Karriere entscheiden könnten (vgl. Malik 2014, S. 331).

5.12   Ständig ablieferfähiger Entwurf

Es ist auf jeden Fall besser, eine zu 80 % fertige Arbeit rechtzeitig abliefern zu können, als eine 100 %-ige Arbeit zu spät abzugeben, wenn sie niemand mehr braucht. Es kann auch sein, dass der Chef seinen Termin für die Abgabe noch vorziehen muss oder er sich zwischendurch mit den bisherigen Arbeitsergebnissen befassen will. Sie sehen: Es ist immer praktisch, einen vorzeigbaren Entwurf parat zu haben.

5.13   Der positive Umgang mit Stress

Woher kommt eigentlich der Stress, den Sie wahrnehmen? In der Regel ist es die Tatsache, dass es zu viele Dinge zu erledigen gilt und die Zeit zu knapp ist. Idealerweise sollten Sie bei strikter Befolgung der soeben beschriebenen Methoden in keine Stresssituation mehr geraten. Das ist natürlich eine zu kühne Vermutung – Sie werden immer wieder stressige Situationen erleben. Aus diesem Grund kann es hilfreich sein, eben diesen Stress genauer zu verstehen und zu lernen, wie man mit ihm am besten umgeht.

Es gibt grundsätzlich zwei Arten von Stress: Eustress und Distress. Als Stressor wird der Auslöser von Eu- und Distress bezeichnet. Eustress ist eine positive Art von Stress, die einem Individuum hilft, ein positives Gefühl zu erlangen. Der Stressor des Eustresses kann nicht genauer definiert werden, da dieser von der Persönlichkeit abhängt (vgl. Business Dictionary o. J.). Distress beschreibt eine Form des Stresses, welche negative Auswirkungen auf das Individuum hat (vgl. National Research Council 2008, S. 3–4). Stress kann für das Individuum aus ganz unterschiedlichen Gründen resultieren, wobei diese nicht immer etwas mit dem direkten Arbeitsumfeld zu tun haben müssen. Neben Stressauslösern wie bspw. Krankheiten, Unsicherheiten oder auch familiären Problemen (vgl. Center for Disease Control and Prevention o. J., S. 3) ist der Leistungsdruck in einem Unternehmen besonders zu beachten.

„We may forget to drink enough water, might skip lunch and just keep going on coffee, which in turn drains energy and can lead to insomnia" (Foster 2010, S. 11). Sie sollten auch die Konsequenzen eines Energiemangels durch körperlichen Stress beachten.

Sie bewegen sich im Allgemeinen auf zwei Ebenen: der emotionalen und der physischen Ebene (vgl. ebd., S. 11 ff.). Um die Fokussierung auf das Wesentliche zu erhöhen, setzen Sie auf der emotionalen Ebene an. Diese ist angelehnt an das Diktat des positiven Denkens. Eine positive Einstellung Ihrerseits gegenüber einer Aufgabe macht diese nicht zur Qual, sondern erleichtert vielmehr den Workflow (vgl. ebd., S. 11 ff.).

Denken Sie an die aus dem Lateinischen stammende Redewendung: *Mens sana in corpore sano*[1]. Eine Überlastung – etwa durch fehlende Pausen oder Schlafentzug – hat eine Minderung Ihrer Gedanken- bzw. der Geisteskapazität zur Folge. Ein weiterer Ansatz zur Verbesserung der Konzentration oder auch der Fokussierung auf Themen ist der Sport, welcher u. a. die Durchblutung des Gehirns fördert (vgl. ebd., S. 12). Regelmäßige Pausen verhindern nicht nur das Schwinden der Konzentration, sondern verringern auch das Burn-out-Risiko erheblich. Mehrfache kurze Pausen von fünf bis zehn Minuten können Ihr Wohlbefinden sowie Ihre Leistungsfähigkeit erheblich verbessern.

Anhand Ihres Biorhythmus können Sie als Führungskraft Hochleistungsphasen erkennen. Die einschlägige Literatur empfiehlt, während dieser Zeiten anspruchsvolle, komplizierte Aufgaben und Probleme zu lösen. In den anderen Phasen, in denen Sie als Führungskraft nicht auf Höchstleistung agieren können, werden Routineaufgaben empfohlen (vgl. ebd., S. 12). Sie erkennen Hochleistungsphasen an einer deutlich gesteigerten Motivation. Komplexere Aufgabenstellungen werden Sie dann mit größerem Elan bearbeiten und letztlich erledigen.

---

[1]Juvenal (röm. Dichter). Deutsch: „Ein gesunder Geist in einem gesunden Körper".

Überprüfung des Arbeitsergebnisses

Es ist bei den heutigen Anforderungen an die Qualität der Produkte nicht vorstellbar, dass ein Prozessschritt bei der Herstellung eines Produktes nicht kontrolliert würde. Umso mehr muss das Prinzip gelten, dass auch bei der Geistesarbeit die Arbeitsergebnisse überprüft werden.

Die erste Stufe der Überprüfung ist die Kontrolle der sachlichen Richtigkeit einer Ausarbeitung. *Alle* Rechenoperationen sind – zumindest überschlägig – nachzurechnen. Dies gilt unbedingt auch für alle mit Excel erstellten Rechenergebnisse. In den in Excel-Tabellen hinterlegten Formeln kann sich ein Fehler eingeschlichen haben, der zu Ergebnissen führt, die z. B. um den Faktor 10 zu groß oder klein sind. Der Empfänger wird dies (hoffentlich) erkennen und den Ersteller als „weltfremd" qualifizieren, wenn er nicht gemerkt hat, dass diese falsche Relation nicht stimmen kann. Also: Jede Excel-Auswertung sollten Sie überschlägig mit Bleistift und Papier nachrechnen.

Sodann geht es um die Überprüfung der Verständlichkeit eines Textes oder einer quantitativen Abteilung. Diese Überprüfung sollte unbedingt durch einen mit der Texterstellung nicht befassten Leser vorgenommen werden. Es geht dabei nicht allein darum, ob der Text verständlich ist und quantitative Aussagen „belegt" oder „abgeleitet" werden. Es geht auch darum festzustellen, ob der Text nicht missverstanden werden kann!

Bei „endgültigen" Arbeitsergebnissen, vor allem wenn sie vom Chef weitergegeben werden, ist ferner eine Lektorierung des Textes unbedingt erforderlich. Nichts ist so peinlich wie Rechtschreib- und Grammatikfehler. Für die Überprüfung der Arbeitsergebnisse muss sich der Bearbeiter „Kolleginnen oder Kollegen" und Spezialisten, wie z. B. einen Lektor oder eine Lektorin, suchen. Sollte es – vielleicht wegen der besonderen Vertraulichkeit des Arbeitsergebnisses – nicht möglich sein, dieses interpersonell zu überprüfen, dann muss der originäre Bearbeiter notgedrungen eine Eigenüberprüfung machen. Diese gelingt besser, wenn

© Springer Fachmedien Wiesbaden GmbH 2018

A. Bernsmann et al., *Arbeitsmethodik für Führungskräfte*, essentials,

https://doi.org/10.1007/978-3-658-20393-1_6

zwischen der Erstellung der Arbeit und der Überprüfung ein gewisser zeitlicher Abstand liegt.

Zur Überprüfung gehört auch die „Probe" des Vortrages eines Arbeitsergebnisses, z. B. in Form einer Präsentation. Für Präsentationen sind im Probevertrag nicht nur die Verständlichkeit (das Vermeiden von Missverständnissen), sondern vor allem auch der Zeitbedarf und die Zeiteinteilung zu testen. Außerdem gewinnt der Vortrag an Eleganz, wenn er geübt worden ist.

Übermittlung des Arbeitsergebnisses 7

7.1 Kommunikation

> Kommunikation ist das Schmieröl im Getriebe eines Unternehmens (Herbst 2003, S. 28).

Betrachten wir die Arbeitsabläufe in den heutigen Unternehmen aus der Nähe, so treffen wir auf digitalisierte Arbeitsformen, vernetzte Organisationen, viel dynamische Projektarbeit und eine Flut von Informationen. Der Arbeitsplatz des Einzelnen wird immer dynamischer und undurchsichtiger. Dies bedeutet für die Führungskraft, dass sie den Überblick bewahren muss. Entscheidend zur Wahrung des Überblicks ist die interne Kommunikation (vgl. ebd., S. 13).

Das Themengebiet der „Kommunikation" wird von den verschiedensten Disziplinen analysiert und hat dementsprechend einen gewaltigen Umfang. Ziel dieses Kapitels kann es daher nur sein, Ihnen die Bedeutung dieses Themas zu vermitteln und in aller Kürze auf die wichtigsten Aspekte einzugehen. Ein paar allgemeine Tipps zur mündlichen und schriftlichen Kommunikation seien vorangestellt (vgl. Dahms 2010, S. 59 ff.):

1. Beginnen Sie jedes Gespräch positiv!
2. Verwenden Sie eher Verbesserungsvorschläge als direkte Kritik!
3. Tragen Sie stets dem Selbstbewusstsein Ihres Gegenübers Rechnung!

© Springer Fachmedien Wiesbaden GmbH 2018
A. Bernsmann et al., *Arbeitsmethodik für Führungskräfte*, essentials,
https://doi.org/10.1007/978-3-658-20393-1_7

7.2   Mündliche Kommunikation

Die wichtigste Form der Kommunikation ist die mündliche. Ansprachen, Mitarbeitergespräche, Teammeetings, Reden, Präsentationen, aber auch Klatsch und Gerüchte sind Beispiele für die mündliche Kommunikation im Unternehmen. Dank Telefon und Videokonferenzen lässt sich die mündliche Kommunikation auch über räumliche Distanzen hinweg realisieren. Die Bedeutung der mündlichen Kommunikation lässt sich auf ihre beiden Merkmale – die Echtzeit der Übertragung und die direkte Möglichkeit zum Feedback – zurückführen.

Wenn immer es möglich ist, sollten Sie der mündlichen Kommunikation den Vorzug geben. Ist kein Gespräch von Angesicht zu Angesicht möglich, dann ist das Telefongespräch die nächstbeste Option. Auch das Telefongespräch zeichnet sich durch die Echtzeit der Übertragung und die Möglichkeit zum Feedback aus. Beim Telefonieren ist erkennbar, wie der Gesprächspartner eine Nachricht aufnimmt, Missverständnisse können durch Rückfragen vermieden werden und ergänzende Hinweise können unmittelbar verarbeitet werden.

Die mündliche Kommunikation hat immer zugleich eine nonverbale Komponente. Als Führungskraft müssen Sie sich Ihrer nonverbalen Kommunikation bewusst werden. Lassen Sie beispielsweise Ihre Mitarbeiter warten, signalisiert dies, dass Sie Ihre Zeit für wichtiger und wertvoller halten als die Ihrer Mitarbeiter. Durch „Seating Behavior" kann ein Statusunterschied deutlich gemacht werden: Bleiben Sie an Ihrem Schreibtisch sitzen und muss der Mitarbeiter auf einem niedrigen Stuhl Platz nehmen, verdeutlicht dies die unterschiedliche Ranghöhe (vgl. Nerdinger et al. 2014, S. 58). Auch beim Halten von Präsentationen müssen Sie sich über die Wirkung Ihrer nonverbalen Kommunikation bewusst werden. Besonders zu Beginn der Präsentation erinnern sich 55 % Ihrer Zuhörer an Ihr Erscheinungsbild und Ihr Auftreten, 38 % an Ihre Stimme und Tonlage und nur gut 7 % an den Inhalt. Dieses Verhältnis ändert sich während Ihrer Präsentation, aber der erste Eindruck bleibt (vgl. Brunner 2014, S. 108). Im Gespräch werden Sie ebenfalls nach dieser 7-38-55-Regel beurteilt. Nutzen Sie darum Ihre Gestik, Körperhaltung und Stimme, um das Gesagte und somit den Inhalt zu unterstreichen (vgl. ebd., S. 92).

Zum logischen Aufbau einer Präsentation sind die bereits erwähnten Bücher von Barbara Minto bzw. Harald Hungenberg dringend zu empfehlen. Hinzuzufügen ist allerdings, dass sich Präsentationstechniken und -programme wie PowerPoint rasch weiterentwickeln, aber gleichzeitig ein gewisser Überdruss entsteht: „Powerpointen Sie oder haben Sie etwas zu sagen?!"

Geplante mündliche Kommunikation

Für die Kommunikation mit Chefs gilt grundsätzlich, dass Sie mit Ihrem Vorgesetzten nie „zwischen Tür und Angel" über Themen sprechen sollten, die eine Entscheidung von ihm verlangen. Wenn man von Vorgesetzten auf die Schnelle eine Entscheidung bekommt, ist die Wahrscheinlichkeit hoch, dass sie beim nächsten Gespräch schon wieder aufgehoben ist oder dass er sich nicht an sie erinnert. Verbindliche Verabredungen werden ausschließlich im persönlichen Gespräch getroffen. Denn nur im Gespräch kann geprüft werden, ob man richtig verstanden wurde. Was *face-to-face* besprochen wird, hat Verbindlichkeit. Auch die E-Mail-Kommunikation taugt nicht für entscheidungsrelevante Themen. Man könnte meinen, dass etwas, was schriftlich festgehalten wurde, eine größere Verbindlichkeit habe. Das Gegenteil ist jedoch der Fall: Wenn etwas bereits aufgeschrieben (E-Mail) wurde, fühlen sich andere übergangen und sind umso mehr geneigt, die Entscheidung zu torpedieren, als wenn sie „nur" im Gespräch fixiert wurde und mit den anderen Stakeholdern „nachbearbeitet" wird.

Der Mitarbeiter sollte ein mündliches Gespräch auch nicht nachträglich schriftlich festhalten. Zu groß ist die Gefahr, dass dabei Wunschvorstellungen als zusätzliche Präzisierungen einfließen, die *so* tatsächlich nicht besprochen waren. Ein solches Nachbessern eines Gesprächsergebnisses würde den Chef verärgern. Besser ist es, auf Grundlage des Gespräches bereits den nächsten Arbeitsschritt „schriftlich" zu entwerfen, z. B. die „Formulierung der Aufgabenstellung" oder die Skizze des „Arbeitsplans". Damit wird verbindlich festgehalten, was notwendig ist, aber zugleich eine problemlose Möglichkeit zur Korrektur belassen.

7.3 Schriftliche Kommunikation

Die schriftliche Kommunikation umfasst im Unternehmen vom Post-it für die Sekretärin bis hin zum formalen Geschäftsbrief alle erdenklichen Formen des geschriebenen Wortes. (Natürlich gehören auch E-Mails zur schriftlichen Kommunikation.) Im Vergleich zur mündlichen Kommunikation hat diese Form viele Vorteile. Sie kann beliebig lange aufbewahrt werden und somit zu Beweiszwecken dienen oder auch zur Erinnerung, und sie erspart das Erstellen von Notizen. Bei schriftlicher Kommunikation sind die Formulierungen sorgfältiger gewählt als bei der mündlichen, was sich positiv auf die Verständlichkeit auswirken kann (vgl. Nerdinger et al. 2014, S. 58; vgl. hierzu auch Brunner 2014, S. 111).

Jedoch weist die schriftliche im Vergleich zur mündlichen Kommunikation einige Nachteile auf. Der Empfänger der Nachricht hat nicht die Möglichkeit des direkten Feedbacks, was zu etwaigen Missverständnissen führen kann. Achten Sie deshalb als Führungskraft auf möglichst interpretationsfreie Formulierungen.

Idealerweise dient die schriftliche Kommunikation der Bestätigung einer mündlichen Kommunikation. Durch die mündliche Kommunikation, z. B. durch ein Telefonat, wird Vorkehr gegen Missverständnisse getroffen und die innerliche Zustimmung des Gesprächspartners erwirkt. Durch eine nachfolgende, bestätigende E-Mail kann das Vereinbarte festgehalten werden.

Da die schriftliche Kommunikation zeitaufwendiger als die mündliche ist, sollten Sie genau abwägen, wann Sie welche Kommunikationsart einsetzen und ob dies mit Ihrem Zeitmanagement im Einklang steht (vgl. Nerdinger et al. 2014, S. 58; vgl. hierzu auch Brunner 2014, S. 111).

▶ Entscheiden Sie sich bewusst für die schriftliche Kommunikation, wenn sie nützlich erscheint, und prüfen dabei, ob der Mehraufwand für die Ausformulierung in einem angemessenen Verhältnis steht.

Auswertung des Erfolgs aus dem Arbeitsergebnis

8

Nach der Übermittlung des Arbeitsergebnisses folgt die Auswertung. Das „Debriefing" ist bei der Führung im militärischen Bereich eine vorgeschriebene Übung zum Abschluss eines Auftrags (Abb. 8.1).

Die Auswertung erfasst zwei Kriterienbereiche: die „Zielauswertung" und die „Wegauswertung" (Oesterreich 1981). Die Zielauswertung fragt: Was wurde als absolutes Ergebnis erreicht und wie ist die absolute Abweichung von einer Zielfestlegung? Von wo aus ist nun weiterzuplanen?

Aus der „Zielauswertung" allein kann meist noch nichts gelernt werden. Wurde das Ziel verfehlt, dann muss durch die „Wegauswertung" erkundet werden, ob das Problem in der Vorgehensweise, dem Weg, begründet war. Oder aber, es stellt sich heraus, dass das Ziel nicht realistisch war. Oder aber, es zeigt sich, dass ein zufälliges, externes Hindernis auftrat. Erst die Wegauswertung führt zu den „Lessons Learned", die für die Fortsetzung des Arbeitsprogramms im zweiten Schritt zu beachten sind.

Es ist abschließend hervorzuheben, dass jede Arbeit zwei Ergebnisse hat: das Arbeitsergebnis selbst und das, was für künftige Arbeiten daraus zu lernen ist.

© Springer Fachmedien Wiesbaden GmbH 2018
A. Bernsmann et al., *Arbeitsmethodik für Führungskräfte*, essentials,
https://doi.org/10.1007/978-3-658-20393-1_8

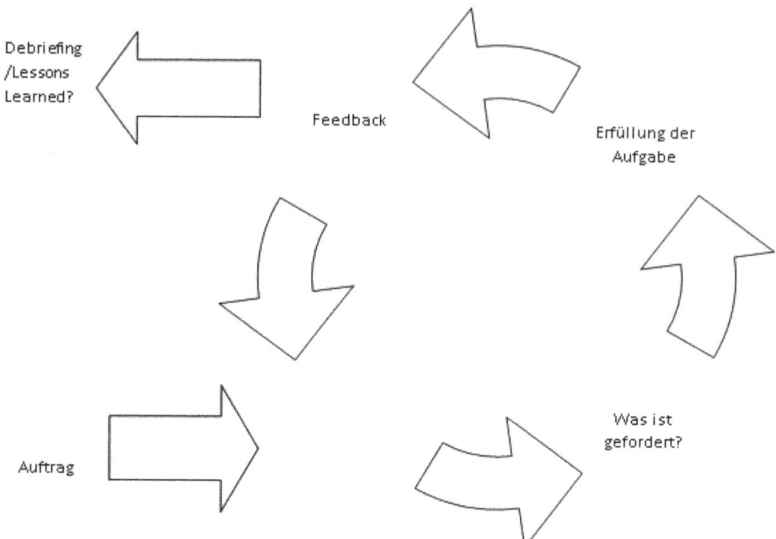

Abb. 8.1 Prozess der Aufgabenerfüllung mit Auswertung. (Quelle: eigene Darstellung)

Zusammenfassung: Erfolgskontrollen der Arbeitsmethodik 9

Kontinuierliche Verbesserung ist besser als aufgeschobene Perfektion (Arnold 14. Juni 2012).

Aus dieser Lektüre sollten Sie einen Überblick über die vielfältigen Facetten des Selbstmanagements gewinnen. Diese Vielfalt kann vielleicht in den folgenden drei Handlungsempfehlungen „eingefangen" werden:

1. Analysieren Sie regelmäßig Ihre Arbeitstätigkeit. Gehen Sie sicher, dass Sie die richtigen Prioritäten setzen und dementsprechend Ihre Zeit einteilen!
2. Sie benötigen die richtige Methodik für die jeweilige Aufgabe. Prüfen Sie regelmäßig, ob Ihre persönliche Arbeitsmethodik zur effizienten Aufgabenerledigung beiträgt!
3. Überprüfen Sie kritisch und ehrlich, ob Sie in der Lage sind, sich selbst kompetent zu managen und zu führen, denn nur dann können Sie andere professionell managen und führen!

Wir würden Ihnen empfehlen, in den ersten zehn Berufsjahren jedes Jahr ein Buch oder ein Lehrprogramm zur Verbesserung der Arbeitsmethodik zu lesen. Es ist dabei gar nicht so wichtig, ob es das beste Buch ist. Hauptsache, Sie nutzen die Lektüre dazu, um an sich zu arbeiten. Die wichtigsten Literaturempfehlungen sind aus unserer Sicht:

Malik, F. (2014). *Führen Leisten Leben: Wirksames Management für eine neue Welt.* Frankfurt/New York: Campus.

Neubauer, S. & Rankl, S. (2010). *Auftrag Führung.* Wiesbaden: Gabler.

Hettl, M. (2013). *Selbstmanagement-Tools: Zeitmanagement, Arbeitsmethodik und Beseitigung von Ballast.* Wiesbaden: Gabler.

© Springer Fachmedien Wiesbaden GmbH 2018   37
A. Bernsmann et al., *Arbeitsmethodik für Führungskräfte,* essentials,
https://doi.org/10.1007/978-3-658-20393-1_9

Die Überprüfung Ihrer bisherigen Methodik und die gelesenen Anleitungen bilden die Grundlage für Ihr persönliches Verbesserungsprogramm. Psychologen empfehlen, uns selbst dadurch zu kontinuierlichen Verbesserungsschritten zu motivieren, dass wir uns vorstellen, was besser wird, wenn wir uns in einer ganz konkreten Routine verändern. Zur Verfestigung der guten Vorsätze soll man diese täglichen Vorhaben aufschreiben und dann natürlich auch regelmäßig auf disziplinierte Einhaltung überprüfen.

Das Ziel dieses *essentials* war es, Sie dazu zu befähigen, kontinuierlich besser zu werden bei dem, was Sie tun. Wenn Sie sich selbst stetig verbessern, werden Sie fähig sein, neue Herausforderungen im Leben wahrzunehmen.

- Keine Methode hat allgemeine Gültigkeit. Was sich jedoch verallgemeinern lässt, ist die Aufforderung nach methodischem Arbeiten.
- Die regelmäßige Überprüfung der eigenen Arbeitsweise ist die Grundlage für ein erfolgreiches Selbstmanagement.
- Prioritäten zu setzen und zu entscheiden, was man nicht tut, ist die Aufgabe einer jeden Führungsperson und Grundbedingung für den Erfolg.

© Springer Fachmedien Wiesbaden GmbH 2018
A. Bernsmann et al., *Arbeitsmethodik für Führungskräfte*, essentials,
https://doi.org/10.1007/978-3-658-20393-1

Literatur

Allen, D. (2002). *Wie ich die Dinge geregelt kriege*. München: Piper.

Andler, N. (2013). *Tools für Projektmanagement, Workshop und Consulting. Kompendium der wichtigsten Techniken und Methoden* (5. Aufl.). Erlangen: Publicis Kommunikations AG.

Arnold, F. (14. Juni 2012). Hilfsmittel richtig nutzen – Arbeitsmethodik Teil vier. *Neue Zürcher Zeitung*. http://arnoldmanagement.de/fileadmin/user_upload/Presse_PDF/nzz/NZZ_41-50/Frank%20Arnold%20-%20NZZ%20Blog%20-%20Hilfsmittel%20richtig%20nutzen%20%E2%80%93%20Arbeitsmethodik%20Teil%204%20%E2%80%93%20%20Mark%20Twain%2043.pdf. Zugegriffen: 7. Nov. 2017.

Brenner, J., Budczinski, A., Schläfle, P., & Storch, F. (2016). *Grundsätze der Professionalität im Beruf*. Wiesbaden: Springer Gabler.

Brunner, D. (2014). *Information, Kommunikation und Planung im Beruf*. Reihe Basiswissen für Industriemeister, Fach- und Betriebswirte. Norderstedt: Books on Demand.

Business Dictionary. (o. J.). Eustress. http://www.businessdictionary.com/definition/eustress.html. Zugegriffen: 7. Nov. 2017.

Center for Disease Control and Prevention. (o. J.). Stress and Timemanagement. http://www.cdc.gov/diabetes/prevention/pdf/postcurriculum_session12.pdf. Zugegriffen: 7. Nov. 2017.

Dahms, M. (2010). *Motivieren – Delegieren – Kritisieren: Die Erfolgsfaktoren der Führungskraft* (2. Aufl.). Wiesbaden: Gabler.

Foster, P. (2010). Priority and time management guide for leaders and managers. http://www.griet.ac.in/iimu/Time_Management_Leaders_Booklet.pdf. Zugegriffen: 7. Nov. 2017.

Fox, J. J. (2010). *So kommen Sie nach oben! Erfolg in 55 Lektionen*. Kulmbach: Börsenmedien.

Gälweiler, A. (1986). *Unternehmensplanung*. Frankfurt: Campus.

Greisle, A. (2010). *Information Overload: So organisieren Sie sich im Online-Zeitalter*. München: Beck.

Herbst, D. (2003). *Das professionelle 1×1 der internen Kommunikation*. Berlin: Cornelsen.

Hettl, M. (2013). Selbstmanagement-Tools: Zeitmanagement, Arbeitsmethodik und Beseitigung von Ballast. In M. Hettl (Hrsg.), *Mitarbeiterführung mit dem LEAD-Navigator* (S. 169–185). Wiesbaden: Springer Fachmedien.

Hölzerkopf, G. (2005). *Führung auf den Punkt gebracht*. Wiesbaden: Gabler.

Hungenberg, H. (2010). *Problemlösung und Kommunikation im Management* (3. Aufl.). München: Oldenburg.

© Springer Fachmedien Wiesbaden GmbH 2018

A. Bernsmann et al., *Arbeitsmethodik für Führungskräfte*, essentials,
https://doi.org/10.1007/978-3-658-20393-1

Koenig, D., Roth, S., & Seiwert, L. (2012). *Selbstorganisation* (14. Aufl.). Offenbach: Gabal.

Lang, H. R. (2013). *Der Vorstandsassistent*. Wiesbaden: Springer Fachmedien.

Malik, F. (2014). *Führen Leisten Leben. Wirksames Management für eine neue Welt*. Frankfurt: Campus.

Mell, H. (2013). *Spielregeln für Beruf und Karriere*. Berlin: Springer.

Minto, B. (2009). *The pyramid principle*. Harlow: Prentice Hall.

Moritz, A., & Rimbach, F. (2006). *Soft Skills für Young Professionals: Alles, was Sie für Ihre Karriere brauchen* (4. Aufl.). Offenbach: Gabal.

Münchhausen v., M. (2006). *So zähmen Sie Ihren Schweinehund*. München: Piper.

National Research Council. (2008). *Recognition and alleviation of distress in laboratory animals*. Washington DC: National Academies (US).

Nerdinger, F. W., Blickle, G., & Schaper, N. (2014). *Arbeits- und Organisationspsychologie* (3. Aufl.). Berlin: Springer.

Neubauer, S., & Rankl, S. (2010). Konzentration auf Weniges. In S. Neubauer & S. Rankl (Hrsg.), *Auftrag Führung* (S. 115–139). Berlin: Springer.

Oesterreich, R. (1981). *Handlungsregulation und Kontrolle*. München: Urban und Schwarzenberg.

Simon, H. (2004). *Think*. Frankfurt: Campus.

Simon, W. (2007). *Gabals großer Methodenkoffer: Grundlagen der Arbeitsorganisation*. Offenbach: Gabal.